Im sechsten Monat wurde der Engel Gabriel von Gott in eine Stadt in Galiläa namens Nazaret zu einer Jungfrau gesandt. Sie war mit einem Mann namens Josef verlobt, der aus dem Haus David stammte. Der Name der Jungfrau war Maria.

Lukas 1,26-27

Für uns sind die Engel geschaffene Geister, von Gott gesandt, um seine Botschaft in diese Welt weiterzugeben, eine Heilsbotschaft; sie sind Gott untergeordnet und Diener. Sie sind geistliche Wirklichkeiten, deshalb auch nicht so darstellbar, wie sie dargestellt werden. Sie sind nicht putzige kleine Buben oder Mädchen, sie sind auch nicht schlanke, große Jünglinge, sie sind unvorstellbar, sie sind Boten Gottes, die kommen und uns hinrichten wollen auf Gott. Deshalb sind die Engel für die christliche Botschaft unverzichtbar.

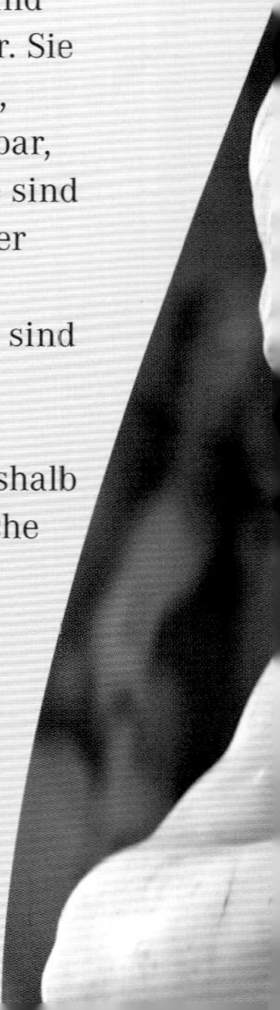

3

Der Engel trat bei Maria ein und sagte: „Sei gegrüßt, du Begnadete, der Herr ist mit dir.“ Sie erschrak über die Anrede und überlegte, was dieser Gruß zu bedeuten habe. Da sagte der Engel zu ihr: „Fürchte dich nicht, Maria; denn du hast bei Gott Gnade gefunden. Du wirst ein Kind empfangen, einen Sohn wirst du gebären: dem sollst du den Namen Jesus geben. Er wird groß sein und Sohn des Höchsten genannt werden.“

Lukas 1,28-32

Fürchte dich nicht, Maria; denn du hast bei Gott Gnade gefunden.

Lk 1,30b

In der katholischen Frömmigkeit gab es seit dem Mittelalter eine marianische Wärme, eine liebevolle Dankbarkeit gegenüber Maria. Die Kirche war immer dann besonders fruchtbar, wenn dieses marianische Feuer in ihr glühend und hell gebrannt hat. Wenn wir Weihnachten als das Fest feiern, an dem unsere Erlösung durch die Menschwerdung Gottes ihren Anfang nimmt, dann müssen wir auch die Frau ehren, verehren und lieben, die durch ihr Jawort und ihre liebevolle Mutterschaft Gottes Heil an uns ermöglicht hat.

3

Der Evangelist Lukas meint, dass das, was damals geschehen ist, nicht bloß Historie ist, die einmal vorbei ist, sondern etwas, das hineinreicht in das Jetzt. Also heute, hier und jetzt, ist das, was damals

geschehen ist, aktuell. Wenn Weihnachten nicht ein geistliches Ereignis in uns ist, wenn Christus nicht in uns Platz gewinnen kann, wenn mein Herz nicht zu einer Krippe für ihn wird, dann ist Weihnachten bloß ein äußeres und oberflächiges Fest.

Dazu muss ich Gott in meinem Leben anwesend werden lassen, wie ein Kind werden vor der Wirklichkeit des Gottes, der sich nicht gescheut hat, selbst Gott zu werden, demütig werden im Angesicht der Weltwirklichkeit, in der sich mir die Geheimnisse Gottes zusprechen, gläubig werden im ganz normal vernünftigen Sinn, dass ich aus den Sakramenten tiefer zu leben beginne, dass ich ein betender innerlicher Mensch werde, dass ich nach den Tugenden strebe. All das bedeutet die Geburt des Gottessohnes in der Welt.